*Pour la fille la plus stylée
que je connaisse...*

....

PRODUCTION

Armelle Saint-Mleux
Olga Sekulic

Benoît Peverelli
Photographe

Rodolphe Bricard
Assistant photo

Laura de Lucia
Digital opérateur

Jeanne Le Bault
Styliste

Marie-Aline Boussagnol
Assistante styliste

Marielle Loubet
Hair/make-up

Elisabeth Serve et Sabine Cayet
Piqueuses

Marla chez Marilyn
Mannequin

Studio Rouchon

Stephane Neme
Assistant de plateau

Workingirl / Johanna Scher
Production

Jennifer Soulhac
Coordinatrice de production

Jean-Louis Bergamini
Régisseur général

Alexandra Kan
Régisseur

FLAMMARION

Julie Rouart
Directrice éditoriale

Delphine Montagne
Gestionnaire administrative

Colette Taylor-Jones
Éditrice

Pierre-Yann Lallaizon
Création graphique

Barbara Jaegy
Fabrication

Bussière
Photogravure

Flammarion, Paris, 2016
ISBN : 9782081393646
No d'édition : L.01EBUN000590
Dépôt légal : décembre 2016

Achevé d'imprimer en novembre 2016
sur les presses d'Indice, Barcelone, Espagne.

INES DE LA FRESSANGE
SOPHIE GACHET

COMMENT JE M'HABILLE AUJOURD'HUI ?

—

Le style de la Parisienne

Photographies
Benoît Peverelli

Réalisation
Jeanne Le Bault

FLAMMARION

Comment je m'habille aujourd'hui ? C'est la question qui revient tous les jours. Même si notre armoire est pleine. Ce guide de style va vous aider à y voir plus clair. Surtout si vous êtes du genre à dire tout le temps : « Je n'ai plus rien à me mettre ! ». Contrairement à tous les magazines qui vous encouragent chaque saison à racheter de nouvelles pièces pour suivre toutes les tendances, ces recettes de style vous permettent de concocter des looks avec les « ingrédients » que vous avez certainement déjà dans votre armoire. La bonne attitude à la mode ? Accommoder les restes. Un jean noir ou un jean bleu, un manteau noir ou un trench-coat, une chemise blanche ou un pull à col roulé, des sandales et des bottes, ces pièces sont déjà forcément dans votre penderie. Vous avez donc tout pour commencer à être stylée sans faire des efforts de shopping olympique. Peut-être que, selon les situations, il vous manquera deux ou trois choses. Pas de quoi paniquer, car tout ce que contient ce guide est absolument intemporel et peut se trouver dans n'importe quelle boutique, de la plus « petits prix » à la plus luxueuse. Les looks qui vont suivre ont été réalisés avec une garde-robe ultra simple. Évidemment, personne ne vous oblige à faire du copié-collé : en mode comme en cuisine, on a le droit de s'éloigner de la recette.

Que porter quand on a un dîner chez soi avec des amis ? Faut-il mettre une jupe pour un rendez-vous avec son amoureux ? Ce guide, sorte de calendrier perpétuel, répond à toutes les questions pour avoir du style en un minimum d'efforts. Vous apprendrez qu'une blouse blanche et un pantalon noir suffisent pour avoir de l'allure. L'allure d'une Parisienne bien sûr.

....

Ines de la Fressange
Sophie Gachet

les
ESSENTIELS
de la
PARISIENNE

On sait toutes qu'on peut faire sa vie avec un jean, un t-shirt et des baskets. Mais on va vite s'ennuyer. Pour éviter de remplir votre penderie de vêtements qui ne serviront jamais à rien, voici les essentiels de la penderie d'une Parisienne.

— Pantalons, combinaison-pantalon et short

- ☐ Un jean noir
- ☐ Un jean en denim brut
- ☐ Un jean bleu
- ☐ Un jean blanc
- ☐ Un pantalon taille haute
- ☐ Un pantalon noir en velours
- ☐ Un pantalon imprimé en soie
- ☐ Un pantacourt noir
- ☐ Un pantalon noir
- ☐ Un pantalon à pont
- ☐ Un pantalon en seersucker
- ☐ Un pantalon de jogging
- ☐ Une combinaison-pantalon
- ☐ Un short en denim

— Jupes et robes

- ☐ Une jupe crayon .
- ☐ Un long jupon
- ☐ Une jupe longue plissée
- ☐ Une robe noire toute simple
- ☐ Une robe longue fleurie
- ☐ Une robe-chemise longue

— Pulls, sweat-shirt, blouses et autres tops

- ☐ Un pull col roulé noir
- ☐ Un pull col rond noir
- ☐ Un pull col rond beige
- ☐ Un pull col en V noir
- ☐ Un pull rose fluo
- ☐ Un gros pull
- ☐ Un sweat-shirt gris
- ☐ Une blouse blanche à volants
- ☐ Une blouse blanche

- ☐ Une chemise à carreaux
- ☐ Une chemise rayée
- ☐ Une chemise bleue
- ☐ Une chemise blanche
- ☐ Une chemise en denim
- ☐ Un débardeur
- ☐ Un t-shirt blanc
- ☐ Un t-shirt noir
- ☐ Une marinière
- ☐ Un caraco
- ☐ Une tunique indienne
- ☐ Une liquette de plage
- ☐ Un top doré

— Blousons, vestes et manteaux

- ☐ Un blouson de cuir noir
- ☐ Un blazer noir
- ☐ Un blazer bleu marine
- ☐ Un caban
- ☐ Un coupe-vent
- ☐ Une doudoune fine
- ☐ Une veste en tweed
- ☐ Une veste de smoking
- ☐ Un trench-coat noir
- ☐ Un trench-coat beige
- ☐ Un manteau d'homme bleu marine
- ☐ Un manteau d'homme beige
- ☐ Un blouson en velours
- ☐ Un bomber
- ☐ Une veste à paillettes
- ☐ Une veste militaire kaki
- ☐ Une veste en denim
- ☐ Un manteau léopard
- ☐ Un manteau en peau lainée

— Souliers

- ☐ Des mocassins américains
- ☐ Des mocassins vernis
- ☐ Des mocassins bijoux
- ☐ Des derbies noires
- ☐ Des derbies marrons
- ☐ Des sandales à plateau
- ☐ Des ballerines
- ☐ Des boots fourrées
- ☐ Des escarpins noirs
  à hauts talons
- ☐ Des escarpins noirs
  à petits talons
- ☐ Des slippers en velours noirs
- ☐ Des santiags
- ☐ Des mules plates noires
- ☐ Des sandales en cuir naturel
- ☐ Des spartiates à lacets
- ☐ Des mules plates dorées
- ☐ Des baskets à lacets
- ☐ Des baskets avec élastique
- ☐ Des bottes en caoutchouc
- ☐ Des bottes de motard
- ☐ Des bottes camarguaises

— Sacs

- ☐ Une besace
- ☐ Un panier en osier
- ☐ Un mini-sac noir
- ☐ Un sac doré
- ☐ Un sac frangé
- ☐ Un sac de dame noir
- ☐ Un cabas
- ☐ Un sac marron

— Bijoux

- ☐ Un bracelet-manchette
- ☐ Un sautoir à breloques
- ☐ Un sautoir en strass
- ☐ Un long sautoir en perles
- ☐ Des joncs dorés
- ☐ Des joncs en strass
- ☐ Un long collier doré
- ☐ Des broches en strass
- ☐ Un sautoir en bois
- ☐ Une montre classique
- ☐ Une montre d'homme

— Ceintures

- ☐ Une ceinture noire
- ☐ Une ceinture marron
- ☐ Une ceinture de smoking

— Écharpe, châle et foulards

- ☐ Un grand châle
- ☐ Une écharpe imprimée
- ☐ Un foulard imprimé
- ☐ Un foulard noir

— Maillots et dessous

- ☐ Un bikini
- ☐ Un soutien-gorge noir
- ☐ Une culotte noire
- ☐ Des dessous qui peuvent
  parfois prendre le dessus...

VITE
UN LOOK !

Comment accommoder les essentiels pour avoir du style dans toutes les occasions ? Voici le dress code de la Parisienne et ses bonnes recettes.

LE DILEMNE MODE...

« J'ai trois minutes pour m'habiller
et filer au bureau »

« J'ai rendez-vous avec mon banquier.
Je me découvre... »

« J'ai une journée compliquée »

« Demande d'augmentation »

« Du bureau à la disco »

BUSINESS IS BUSINESS

À défaut de porter un uniforme, il faut trouver la tenue qui fera bonne impression (ça ne veut pas dire « avec moult motifs »...) au bureau.

J'AI TROIS MINUTES POUR M'HABILLER ET FILER AU BUREAU

Ingrédients

| Un manteau
d'homme beige

| Un pantalon noir
en velours

| Un pull col roulé noir

| Une ceinture noire

| Des bottes de motard

| Une besace

Quand ?

Si votre réveil n'a pas sonné.

La bonne recette

Faire simple pour ne pas risquer des associations litigieuses. Quand on n'a pas le temps, on ne tente rien. On reste sur des basiques chic qui ne nous mettront pas sous les feux de la fashion police. La seule touche originale ? Les bottes de motard qui enlèvent le côté un peu trop strict.

J'AI RENDEZ-VOUS AVEC MON BANQUIER. JE ME DÉCOUVRE...

Ingrédients

| Un blazer

| Un jean en denim brut

| Une chemise bleue

| Une ceinture noire

| Des escarpins à petits talons

| Un sac de dame

Quand ?

Vous avez forcé sur les looks griffés à prix élevés, votre compte bancaire se trouve dénudé et vous cherchez à convaincre votre banquier de vous accorder un prêt.

La bonne recette

On laisse dans le placard les vêtements trop neufs, ça évitera que le banquier découvre le pot aux roses. Faire croire que vous êtes une fille sérieuse qui pourra inverser la courbe des dépenses se résume parfois au simple port d'un blazer (à rayures banquier, c'est encore mieux). Pour montrer qu'il n'y a pas que notre compte qui est à découvert, on ouvre son décolleté. Il faut aussi miser sur les talons : prendre de la hauteur même si on est en négatif, c'est la condition *sine qua non* pour se sortir des dettes.

J'AI UNE JOURNÉE COMPLIQUÉE

Ingrédients

| Un pantalon imprimé en soie

| Un pull col en V

| Des slippers en velours noir

| Des joncs en strass

| Une montre classique

Quand ?

Pour une journée où les réunions rasantes et les rendez-vous stressants s'enchaînent. Avec un dîner pro directement après le bureau sans passer par la case « maison ».

La bonne recette

S'armer de vêtements qui permettent de positiver. Un pantalon à motifs, ça rend tout de suite la vie plus gaie. Avec les slippers en velours, vous pourrez tenir jusqu'au bout de la nuit. Si vous vous ennuyez durant une réunion, vous pouvez jouer avec vos bracelets. C'est bien d'avoir des bijoux pour s'amuser au bureau. Un but dans la vie, non ?

DEMANDE D'AUGMENTATION

Ingrédients

| Un blazer bleu marine

| Un jean bleu

| Un t-shirt blanc

| Une ceinture noire

| Des derbies noires

| Une montre classique

Quand ?

Si vos collègues vous disent qu'il ne faut pas espérer une augmentation automatique. Et que vous avez vraiment l'impression d'être sous-payée.

La bonne recette

S'il y a bien une situation où on doit forcer sur l'anti-bling, c'est là. Ne jouez pas forcément la Cosette (votre boss sait combien il vous paie), mais faites-lui remarquer que vous n'allez tout de même pas passer le reste de votre vie en denim large et t-shirt blanc. Et ajoutez que le blazer et la montre que vous portez sont des emprunts à votre père. S'il a une culture mode, il aura pitié.

DU BUREAU
À LA DISCO

Ingrédients

| Une veste de smoking

| Un pantalon noir

| Une blouse blanche

| Un soutien-gorge noir

| Des escarpins

| Un long sautoir

Quand ?

Si on n'a pas le temps de repasser chez soi pour mettre un top brillant avant de sortir en boîte de nuit.

La bonne recette

Tout miser sur le smoking : chic au bureau, sexy en boîte. Il suffit de retirer sa blouse et d'être nue sous sa veste. Yves Saint Laurent l'avait fait avant tout le monde. On met le collier autour du cou le jour et en ceinture le soir. Facile le « métro, boulot, disco » !

LE DILEMNE MODE...

« J'ai un rendez-vous Tinder et je ne veux
pas passer pour une surprise Kinder »

« J'ai rendez-vous avec mon amoureux »

« Je rencontre mes futurs beaux-parents,
je fais joyeuse mais pas fille de joie »

« Je rencontre son meilleur ami »

« Mon divorce au tribunal »

« Mon ex m'invite à dîner »

« Je passe l'oral "belle-mère"
de famille recomposée »

« Je déjeune avec ma grand-tante qui n'a
pas lu un magazine de mode depuis 1970 »

« Bac à sable »

« Maman modèle »

AFFAIRES FAMILIALES

Entre un dîner avec son amoureux actuel, une rencontre avec un amoureux potentiel et une journée au parc avec des enfants, il est important de ne pas confondre les looks.

J'AI UN RDV TINDER
ET JE NE VEUX PAS PASSER POUR
UNE SURPRISE KINDER

Ingrédients

| Une veste en tweed

| Un jean en denim brut

| Un débardeur

| Une ceinture

| Des escarpins

Quand ?

Pour la première rencontre avec un potentiel prince charmant. Il n'a vu que votre tête sur la photo de profil, alors autant ne pas tout dévoiler tout de suite.

La bonne recette

Un petit débardeur pour la touche féminine, un blazer en tweed pour la touche « tradition & belles valeurs », un jean un peu serré pour ne pas faire trop masculine, une ceinture pour marquer la taille et des talons pour marquer les esprits. Tant qu'on évite la minijupe et le crop top, il y a de l'espoir.

J'AI RENDEZ-VOUS AVEC MON AMOUREUX

Ingrédients

| Un trench-coat

| Un soutien-gorge noir

| Une culotte noire

| Des escarpins

Quand ?

Quand notre chéri nous donne rendez-vous pour un verre en fin de journée.

La bonne recette

Juste un trench ceinturé. Plutôt noir, mais si vous préférez le beige, votre homme n'y verra aucun inconvénient. Si vous avez froid, ajoutez des bas noirs. Avec ce style, on est sûre de ne pas se tromper. C'est bien le cas de le dire.

JE RENCONTRE
MES FUTURS BEAUX-PARENTS,
JE FAIS JOYEUSE MAIS
PAS FILLE DE JOIE

Ingrédients

| Un blazer bleu marine

| Un jean blanc

| Une marinière

| Des slippers en velours

| Un sac marron

Quand ?

Pour ne pas choquer ses parents à la première rencontre et surtout pour les amadouer et en faire vos supporters pour tout match à venir.

La bonne recette

Si on a le temps de bien se préparer, on remonte bien les manches du blazer (ça fait fille qui fuit l'oisiveté). On évite les talons qui peuvent faire hautaine. Les slippers en velours font chic mais pas trop (on n'est pas là pour leur montrer notre potentiel fashion mais notre potentiel «femme d'un seul homme»). Le pantalon blanc est la pièce phare de ce look. Ça donne tout de suite un petit côté innocent – voire angélique. C'est bien pour attendrir notre future famille.

JE RENCONTRE
SON MEILLEUR AMI

Ingrédients

| Un manteau d'homme
| bleu marine

| Un jean blanc

| Une chemise en denim

| Une ceinture marron

| Des derbies marrons

Quand ?

Pour faire bonne impression au meilleur ami de son amoureux. Comme pour les beaux-parents, il serait peut-être judicieux de nous mettre cet « influenceur » dans notre poche.

La bonne recette

Ne pas avoir l'air d'une allumeuse rassurera le copain bienveillant. En portant une chemise en jean, on a quelque chose qu'il pourrait porter lui-même. Il se dira alors que son ami a enfin trouvé une fille qui tient la route et qui est bien dans ses bottes. Même quand elle n'en porte pas.

MON DIVORCE
AU TRIBUNAL

Ingrédients

| Un blazer noir

| Un jean blanc

| Un pull beige col rond

| Une ceinture noire

| Des mocassins américains

| Une besace

Quand ?

Si le juge n'a toujours pas compris que votre « ex-mari » triche sur ses revenus pour ne pas payer de pension alimentaire pour ses enfants.

La bonne recette

Du blanc pour l'innocence, du beige pour la douceur, un blazer pour le sérieux, des mocassins collège pour l'idée « revenu d'étudiante ». Pas de bijou bien sûr. Une besace qui prouvera que vous n'êtes pas du genre à dilapider votre argent dans un it bag.

MON EX
M'INVITE À DÎNER

Ingrédients

| Un blouson en velours

| Une jupe crayon

| Un caraco

| Des escarpins

| Une montre classique

Quand ?

Après des années où vous vous êtes perdus de vue, votre ex vous invite à dîner. L'occasion de lui faire regretter...

La bonne recette

On sort du schéma « vamp à saisir » et on choisit une arme de séduction douce : la jupe crayon. Pas de décolleté trop suggestif, on a dit « séduction douce » : un caraco peut faire l'affaire et s'il vous le fait remarquer que ce top nuisette en dentelle et soie est un peu sexy, vous répondrez : « Je ne vais pas faire tard, je vais bientôt aller me coucher ». Sans sac, vous affichez la couleur : pas de brosse à dents, ni de tenue de rechange. Il ne faudrait pas qu'il imagine qu'il a encore une chance.

JE PASSE L'ORAL «BELLE-MÈRE» DE FAMILLE RECOMPOSÉE

Ingrédients

| Un jean en denim brut

| Une chemise rayée

| Une ceinture noire

| Des mocassins bijoux

| Un sautoir à breloques

Quand ?

Le premier contact avec les futurs beaux-enfants, c'est là qu'il faut faire bonne impression. Entre la maman et l'amante, c'est le bon positionnement.

La bonne recette

On oublie le côté séduction (ça peut faire peur aux enfants). On choisit des teintes neutres sauf pour les souliers qu'on peut avoir brodés de bijoux, à pompons, dorés ou pailletés (même si c'est l'heure du déjeuner) pour montrer qu'on n'a nullement l'intention de jouer les marâtres et qu'on est plutôt là pour rigoler.

JE DÉJEUNE
AVEC MA GRAND-TANTE QUI N'A PAS LU UN MAGAZINE DE MODE
DEPUIS 1970

Ingrédients

| Un pantalon taille haute

| Une blouse à volants

| Des sandales à plateau

| Un foulard

| Un sautoir en strass

Quand ?

Lorsque vous rencontrez une personne âgée qui ne s'intéresse plus à la mode.

La bonne recette

Paradoxalement, c'est le moment où vous pouvez être le plus fashion victim, car tout ce qu'elle aimait dans les années 1970 est à la mode aujourd'hui. Avec un jean taille haute, une blouse à volants, un foulard en ceinture et des compensées, elle vous trouvera épatante... sans savoir que vous êtes à la pointe de la mode.

BAC À SABLE

Ingrédients

| Un trench-coat

| Un jean bleu

| Un pull rose fluo

| Des ballerines

| Une montre d'homme

| Un panier en osier

Quand ?

Celles qui ont des enfants savent que le bac à sable, c'est le pénitencier des parents. Au vu de tous les pièges de cet espace, mieux vaut être confortablement équipée si vous devez garder vos neveux, nièces ou filleuls.

La bonne recette

Privilégiez la toile indigo, plutôt résistante, donc recommandée pour affronter les imprévus d'une journée au parc. Le pull rose fluo n'est pas toujours évident à trouver en boutique, mais ça rassure les enfants, car ils ont l'impression qu'ils ne pourront pas nous perdre. En plus ça donne bonne mine. Des ballerines, parce qu'on a déjà vu des mamans en talons au bac à sable... et ça ne marche pas.

MAMAN MODÈLE

Ingrédients

| Un manteau d'homme
bleu marine

| Un jean bleu

| Un sweat-shirt gris

| Une ceinture noire

| Des baskets à lacets

| Une besace

Quand ?

À la sortie de l'école. Quand vous devez avoir l'air de connaître le terrain alors que vous n'êtes venue que le jour de la rentrée.

La bonne recette

N'y allez surtout pas avec un sac de dame qu'on doit tenir à la main. Ça vous trahira sur le fait que vous ne savez pas qu'il faut donner un goûter à votre enfant quand il sort de l'école. L'uniforme, c'est jean, pull et baskets, car il est possible que vous deviez leur courir après dans le parc…

LE DILEMNE MODE...

« Je suis Calamity Jane
et non calamiteuse »

« Coachella même si c'est
la Fête de l'Huma »

« C'est loin la Bretagne ? »

« La Croisière s'amuse »

« Garden party mais pas trop »

« Moi Jane, toi Tarzan »

« J'veux du cuir mais pas
du peep show »

« Dites-le avec des fleurs »

PIÈCES MAÎTRESSES

Il y a des vêtements ou des accessoires qui peuvent faire tout un look... ou le défaire si on ne saisit pas comment bien les accommoder. Franges, imprimé léopard, marinière : pas la peine de sortir son cheval, ses griffes ou son bateau pour les apprivoiser.

JE SUIS CALAMITY JANE ET NON CALAMITEUSE

Ingrédients

| Un sac frangé marron

| Un jean blanc

| Une chemise bleue

| Une ceinture noire

| Des santiags

| Une montre d'homme

Quand ?

Parce que vous aimez le sac frangé. Et pour montrer à un homme que vous pouvez être relativement sauvage. Ou tout simplement pour amuser les enfants.

La bonne recette

Les franges, c'est toujours sur terrain neutre. Blanc, noir, gris, beige, ce sont les couleurs autorisées. Pas de couleur flashy avec un accessoire frangé à moins de vouloir célébrer le festival de Woodstock de 1969. Porter des franges prouve qu'on pourrait dormir dans un tipi comme Pocahontas. Et ça, c'est déjà assez stylé.

COACHELLA MÊME SI C'EST LA FÊTE DE L'HUMA

Ingrédients

| Un short en denim

| Un t-shirt blanc

| Une ceinture marron

| Des camarguaises

| Un sac frangé

| Un foulard

| Un bracelet-manchette

Quand ?

Pour pouvoir enfin sortir son short en jean. Et quand on veut se mettre en mode « bohémienne chic » sans passer pour une hippie harpie. Le top alibi : un festival de musique sous le soleil.

La bonne recette

L'idée du short en denim impose forcément une certaine attitude. Évidemment, il y a une limite d'âge dont on vous laisse juge. Un jupon en coton peut aussi parfois faire l'affaire si le short en denim vous effraie. Dans tous les cas, c'est bottes camarguaises de rigueur. Et tant pis s'il fait trop chaud : il faut parfois souffrir pour être cool. On met le foulard en bracelet et si vous avez un sac frangé, c'est le moment ou jamais de le porter.

C'EST LOIN
LA BRETAGNE ?

Ingrédients

| Une marinière

| Un jean en denim brut

| Un caban bleu marine

| Des baskets à lacets

| Une broche en strass

Quand ?

Lorsque vous avez envie de sortir votre marinière, et peu importe si certains croient que vous allez chasser le bulot.

La bonne recette

Prendre l'air marin (avec marinière et caban) sans passer pour un moussaillon. Alors à la place des bottes en caoutchouc, on met des baskets et pour dessaler ce look, on porte une broche en strass. On appelle cela de l'accastillage glam.

LA CROISIÈRE S'AMUSE

Ingrédients

| Un pantalon à pont

| Une veste de smoking

| Une chemise blanche

| Des mules plates

| Un mini-sac noir

Quand?

Quand vous vous sentez le pied marin et l'envie de prendre le large.

La bonne recette

Le pantalon à pont a un petit supplément d'âme chic. Les accessoires obligatoires : les mules plates et la pochette. Ca cassera l'allure navale. Ajoutez un peu de strass où vous voulez et ce sera brillant.

GARDEN PARTY MAIS PAS TROP

Ingrédients

| Un pantalon
à rayures seersucker

| Une blouse blanche à volants

| Des sandales en cuir naturel

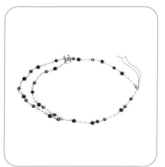

| Un sautoir en perles

| Un panier en osier

Quand ?

Si cela fait trop longtemps qu'on n'a pas mis son pantalon en seersucker. C'est vrai, on n'arrive jamais à le porter ce pantalon !

La bonne recette

Faites l'impasse sur la robe un peu nunuche et fleurie qu'on est tentée de sortir pour tout raout dans un jardin. La solution ? Le pantalon en seersucker est très léger, donc parfait pour l'occasion. La blouse blanche à volants apporte encore plus de fraîcheur. Pour la touche « jardin », le panier en osier dont on casse le côté rustre avec le collier en perles porté en ceinture.

MOI JANE,
TOI TARZAN

Ingrédients

| Un manteau léopard

| Un jean blanc

| Un pull noir

| Une ceinture noire

| Des derbies noires

Quand ?

Si notre instinct animal nous a poussées à acheter un manteau léopard.

La bonne recette

Alors que tous les magazines de mode nous apprennent que le total-look bestial tient la route, calmer l'animal à coup de pièces sobres nous paraît plus raisonnable. Pantalon blanc ou noir, pull noir ou blanc, vous avez le choix mais n'effrayez pas la bête avec des teintes criardes.

J'VEUX DU CUIR MAIS PAS DU PEEP SHOW

Ingrédients

| Un blouson de cuir noir

| Un jean noir

| Une chemise blanche

| Une ceinture noire

| Des derbies noires

Quand ?

Il arrive parfois qu'en voyant notre blouson en cuir, l'idée d'être un Rolling Stones nous envahisse.

La bonne recette

Pensez aux codes du sexy et faites tout l'opposé. Pas de jupe avec un blouson en cuir. Pas de décolleté avec un blouson en cuir. Pas de talon avec un blouson en cuir. C'est cela être un Rolling Stones...

DITES-LE AVEC DES FLEURS

Ingrédients

| Une chemise à carreaux

| Une robe fleurie

| Une ceinture marron

| Des bottes camarguaises

Quand ?

Parce qu'on ne sait jamais comment accommoder notre chemise à carreaux qui fait toujours « balade en forêt ».

La bonne recette

Il faut imaginer ce que ne ferait pas un bûcheron. Par exemple : porter sa chemise avec une robe fleurie. Et voilà donc la bonne combinaison pour féminiser cette pièce un poil rustre. On la ceinture pour ne pas perdre le côté nature. Et on met des bottes en daim pour fuir le côté fleur bleue. Wow, c'est du boulot !

LE DILEMNE MODE...

«Cocktail arty»

«Ma cousine Audrey»

«Dîner dans un resto branché»

«Dîner entre amis chez moi»

«J'ai un dîner sans dress code ni bristol»

«C'est l'anniversaire d'une amie»

«Soirée de filles»

«Saturday night fever»

«Dîner sur le sable»

«C'est Noël»

«C'est show le 31»

TENUES DE SOIRÉE

Bien sûr, il y a toujours la petite robe noire qui peut nous sauver n'importe quelle soirée. Mais si on veut sortir des sentiers battus, que mettre le soir pour avoir l'air festive sans être endimanchée ?

COCKTAIL ARTY

Ingrédients

| Un blouson en cuir noir

| Un pantalon imprimé en soie

| Une chemise blanche

| Des mules plates

| Un sac noir structuré

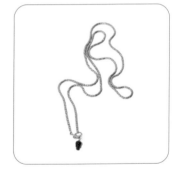

| Un long collier doré

Quand ?

Pour le vernissage d'une expo.

La bonne recette

Évidemment, on pourrait sortir sa plus belle robe imprimée bien griffée et faire croire qu'on est une œuvre d'art de la fashion. Mais dans ce genre de manifestation, mieux vaut la jouer profil bas. Le noir et blanc aura toujours un côté graphique. Et un collier porté en bracelet, un côté créatif. Qui a dit que la mode n'était pas un art ?

MA COUSINE AUDREY

Ingrédients

| Une robe noire

| Des escarpins à petits talons

| Un mini-sac

| Des broches en strass

Quand ?

Parfois, on atterrit dans des cérémonies, on ne sait pas trop comment ni pourquoi. L'inauguration d'une mercerie ou le gala de charité de la cousine de votre cousine, de telles manifestations demandent réflexion vestimentaire.

La bonne recette

S'inspirer d'Audrey Hepburn, égérie de la petite robe noire. L'idéal est d'investir dans des accessoires brillants (lamés, pailletés ou strassés) qui pourront sauver n'importe quelle tenue trop chargée en sobriété. Car la petite robe noire est une formidable invention : si elle est assez simple, vous pouvez la remettre à de multiples occasions, car personne ne se souvient jamais d'une petite robe noire. En la bardant de broches en strass, vous la rendez précieuse. Et en portant la chaîne de votre sac en bracelet, vous le rendez doublement utile.

DÎNER DANS UN RESTO BRANCHÉ

Ingrédients

| Une veste de smoking noire

| Un pantalon noir

| Une chemise blanche

| Un foulard noir

| Des slippers en velours

Quand ?

Quand vous êtes invitée dans ce resto branché dont tout le monde parle, mais que vous ne savez pas ce que veut dire branché en matière de vêtements (ça change tout le temps).

La bonne recette

Less is more mode. Moins on fait flasher les griffes et moins on essaye de résumer tous les détails de la saison en un seul look, meilleur sera le résultat. Noir et blanc, c'est toujours 100% zéro faute de goût, même chez les branchés. Si vous osez, nouez un foulard à votre col. Et si on vous demande d'où vient cette chemise à nœud, dites l'air de rien : « C'est l'une de mes idées, mais je crois qu'Yves Saint Laurent y avait aussi pensé ».

DÎNER ENTRE AMIS CHEZ MOI

Ingrédients

| Un jean bleu

| Une chemise blanche

| Une ceinture noire

| Des bracelets

| Des slippers en velours

Quand ?

On invite des amis chez nous et on ne veut pas qu'ils se disent « Oups, j'aurais dû faire un effort ».

La bonne recette

Avoir un haut un peu chic mais un bas relax. Du coup, vous mettez vos amis à l'aise dans tous les cas. Quoi qu'il en soit, maquillez vos cils de mascara, ça permet toujours de gagner des points chic sans que ce soit trop voyant.

J'AI UN DÎNER
SANS DRESS CODE
NI BRISTOL

Ingrédients

| Une veste
| de smoking noire

| Un pantalon noir

| Un t-shirt noir

| Des escarpins noirs

| Un sac de dame

Quand ?

Quand vous êtes invitée à un dîner et que vous ne connaissez personne.

La bonne recette

Misez tout sur le noir, la couleur qui met tout le monde d'accord. Quand on ne connaît personne, on ne veut pas arriver trop habillée ou, pire, pas assez. Alors, on ne porte que du noir, on évite les imprimés connotés (un t-shirt militant peut vous ruiner votre soirée). Le « no look », c'est la parfaite illustration du « less is more ».

C'EST L'ANNIVERSAIRE D'UNE AMIE

Ingrédients

| Un bomber

| Une jupe crayon

| Un top doré

| Des escarpins

Quand ?

Pour la soirée d'anniversaire d'une amie qui n'a pas du tout demandé qu'on vienne déguisée.

La bonne recette

Se montrer joyeuse pour l'anniversaire, c'est le plus beau cadeau qu'on puisse faire à son amie. Un top doré fera l'affaire. Pour lui casser son côté «Noël», on le porte avec un bomber. Et parce qu'un anniversaire est une cérémonie, la jupe droite donne le côté solennel.

SOIRÉE DE FILLES

Ingrédients

| Une combinaison-pantalon

| Un t-shirt blanc

| Des mules dorées

| Un sac doré

Quand ?

Une soirée entre filles où les hommes sont interdits.

La bonne recette :

C'est le moment de mettre n'importe quoi ! Ils ne sont jamais fans des combinaisons-pantalons. Pourtant, nous, on adore avoir l'air d'un garagiste ! On se met à plat, car avec des talons, il y a quand même des hommes qui trouvent la combi sexy. C'est une soirée sans objectif séduction : on en profite pour mettre un maximum de gloss, car les garçons détestent quand ça colle.

SATURDAY NIGHT FEVER

Ingrédients

| Un pantalon noir

| Un top doré

| Des mocassins vernis

| Un mini-sac en bandoulière

Quand ?

Dans une boîte de nuit. Si vous y allez pour chercher l'âme sœur (ça peut arriver dans un nightclub) ou pour accompagner votre enfant de 18 ans.

La bonne recette

On va éviter de jouer John Travolta en costume blanc, c'est sympa comme ça, mais dans la boîte, ça fera « déjà-vu ». La touche disco, c'est le top doré. Ca permettra aux lourdauds qui draguent en boîte de vous dire « Vous êtes une fille brillante ». Et ne vous embêtez pas à porter des talons : pour danser jusqu'au bout de la nuit, il faut des chaussures plates. Même Cendrillon ne tient pas après minuit avec des escarpins !

DÎNER SUR
LE SABLE

Ingrédients

| Une robe-chemise longue

| Un pantalon noir

| Des spartiates à lacets

| Un panier en osier

| Des bracelets

Quand ?

En pays ensoleillé, quand un ami bien intentionné nous invite à pique-niquer sur sable.

La bonne recette

Ayez en tête l'idée d'une gitane en grande robe très fluide. Mais pour combattre les moustiques, on enfile un pantalon sous la robe. Dans le panier, on met un grand châle qui pourra vous servir à plein de choses comme par exemple vous réchauffer si vous ne faites pas un feu pour griller des chamallows.

C'EST NOËL

Ingrédients

| Une jupe longue plissée

| Un pull rose fluo

| Une ceinture de smoking

| Des ballerines

| Des bracelets en strass

| Une broche en strass

Quand ?

Pour le soir de Noël.

La bonne recette

Au feu le look trop attendu «robe + bijoux partout» ! Le pull rose fluo fait le job «Noël, c'est fête». On insuffle du glamour avec la longue jupe fluide et un peu de casual avec des ballerines car on est en famille tout même. Pour le brillant, on se pare de strass. Et soyez joyeuse, c'est Noël !

C'EST SHOW LE 31

Ingrédients

| Une veste à paillettes

| Un jean blanc

| Un t-shirt blanc

| Des escarpins

| Des bracelets strassés
| et dorés

Quand ?

Pour amorcer la nouvelle année de façon gaie.

La bonne recette

Youpi, on peut enfin mettre le paquet côté paillettes sans avoir la réflexion ironique : «Wow, tu t'es mise sur ton 31 !». On porte du blanc ce soir-là. Et si on vous demande pourquoi, répondez juste «C'est une tradition au Brésil». Après avoir passé de nombreuses soirées du Nouvel An, on a compris une chose : la tenue de fête, c'est surtout dans la tête qu'il faut l'avoir.

LE DILEMNE MODE...

« Aéroport Charles-de-Gaulle »

« La plage, c'est
le nouveau tapis rouge »

« Fashion fermière le samedi »

« Fermière terre-à-terre le dimanche »

« Barbecue sous le soleil »

« Fiesta à Ibiza »

« À Tarascon, je joue à l'indienne »

« Un dîner à la montagne sans
être hors-piste »

« Je vais visiter la Tour Eiffel »

DESTINATION VACANCES

Que ce soit pour un
week-end à la campagne
ou pour des vacances à
la mer, on doit mettre les
bons éléments dans
sa valise.

AÉROPORT CHARLES-DE-GAULLE

Ingrédients

| Un manteau d'homme bleu marine

| Un pantalon de jogging

| Un t-shirt

| Un pull col en V noir

| Des mules plates

Quand?

Pour prendre l'avion.

La bonne recette

Même pour un vol de 30 minutes, on fait comme si on traversait l'Atlantique. L'idée? Mixer le sport-confort (le jogging et les baskets) avec le sophistiqué (le manteau d'homme). On sort le jogging et on bannit le denim (même quand on est mince, il fait des marques). On oublie les bijoux, les ceintures et tout ce qui fait sonner les portiques. On porte de chaussures confortables, car non seulement elles s'enlèvent facilement, mais en plus, avoir des mules qui font penser à des pantoufles, dans l'avion, c'est très classe... affaires.

LA PLAGE, C'EST LE NOUVEAU TAPIS ROUGE

Ingrédients

| Un bikini

| Une liquette

| Une ceinture

| Des bracelets

| Un panier

| Des sandales en cuir naturel

Quand?

De Pampelonne à Palavas, on s'habille pour la plage comme si le sable était un tapis rouge.

La bonne recette

On pense à tort que sous le soleil, un maillot fait tout le look. Mais pas du tout. Il faut savoir accommoder cette pièce avec toutes sortes d'accessoires qui le sortiront de sa condition « bain de mer ». Pour faire des vagues, on accumule les sautoirs et les bracelets. Et on ceinture sa liquette pour bien montrer que ce n'est pas parce qu'on est à la plage qu'il faut ensabler son style.

FASHION FERMIÈRE
LE SAMEDI

Ingrédients

| Une veste militaire kaki

| Une longue robe fleurie

| Un gros pull

| Une ceinture

| Des bottes en caoutchouc

Quand ?

Si vous devez rejoindre des amis dans une grande maison dans la prairie.

La bonne recette

Pour célébrer la famille Ingalls, on porte une robe fleurie. Si on sait qu'on va rencontrer des animaux, on laisse au placard notre jean favori et nos boots de la saison. On s'arme de bottes en caoutchouc, ça permettra d'affronter tous les temps et tous les animaux. Mais on garde la veste militaire pour l'esprit « country chic ».

FERMIÈRE
TERRE-À-TERRE
LE DIMANCHE

Ingrédients

| Un caban

| Un jean bleu

| Un sweat-shirt gris

| Un gros pull

| Des bottes en caoutchouc

Quand ?

Après une journée dans la prairie avec veaux, vaches et cochons, il est possible que votre robe fleurie ait perdu de sa fraîcheur.

La bonne recette

Pour ce deuxième jour à la ferme, on est devenue beaucoup plus terre à terre et moins fashion fermière. On sait qu'un jean fera beaucoup plus l'affaire. On enfile un sweat-shirt (il y a toujours un petit air frais) et on met le gros pull sur les épaules, au cas où. Les cochons peuvent faire copains avec nous, nos bottes en caoutchouc ne craignent rien.

BARBECUE SOUS LE SOLEIL

Ingrédients

| Une chemise rayée

| Un caraco

| Un short en denim

| Des sandales en cuir naturel

| Une montre d'homme

Quand ?

À un barbecue sur notre lieu de vacances.

La bonne recette

Manger relax peut dire s'habiller cool, mais il faut tout de même mettre les formes. Et c'est pour cela qu'on évite l'écueil du t-shirt qui nous étiquette tout de suite « je ne fais pas d'effort pour les déjeuners avec saucisses ». La nuisette pour manger des merguez, c'est décalé comme on aime.

FIESTA À IBIZA

Ingrédients

| Une robe-chemise longue

| Un bikini

| Un short en denim

| Des spartiates à lacets

| Un sautoir en bois

Quand ?

Pour un séjour sur une île où la fête est l'activité numéro 1.

La bonne recette

On garde son maillot toute la journée, on met un short en denim qu'on peut enlever facilement et on garde sa robe-chemise. Quand on sort le soir, on enlève le short et on peut ainsi tenir jusqu'au bain de minuit.

À TARASCON,
JE JOUE À L'INDIENNE

Ingrédients

| Une tunique indienne

| Un long jupon

| Une ceinture marron

| Des spartiates à lacets

| Des joncs dorés

| Un bracelet-manchette

Quand ?

Si vous vous trouvez dans le sud et avez des envies de curry.

La bonne recette

Pimenter son allure avec une tunique traditionnelle indienne donne l'impression qu'on est partie loin chercher son style. C'est aussi le moment de cumuler les bijoux. En été, on ne fera jamais arbre de Noël. S'aventurer sur des voies étrangères, ça fait tout de suite de vous une «Indiana Jones» de la mode.

UN DÎNER À LA MONTAGNE SANS ÊTRE HORS-PISTE

Ingrédients

| Un manteau en peau lainée

| Une veste en denim

| Un jean blanc

| Un gros pull

| Des bottes fourrées

| Une écharpe

Quand ?

Aux sports d'hiver, quand il faut faire championne de mode mais qu'on est dans la neige.

La bonne recette

On ne va pas pouvoir sortir en combi de ski, même sous prétexte qu'il fait moins 5 degrés. Être sexy à la plage, c'est banal. À la montagne, c'est beaucoup plus hot. Savoir mélanger chaleur et sensualité, voilà l'idée : alors on superpose les couches pour mieux se déshabiller quand la température monte. Il faut la jouer un peu givrée.

JE VAIS VISITER LA TOUR EIFFEL

Ingrédients

| Un caban

| Un jean bleu

| Un pull col rond

| Des baskets à lacets

| Une besace

Quand ?

Pour visiter la Tour Eiffel que vous soyez Parisienne ou pas.

La bonne recette

Si vous n'êtes pas Parisienne, ne pensez pas que vous devez sortir l'attirail fashion pour vous mesurer à l'autochtone. C'est surtout en ne forçant pas sur le look que vous lui ressemblerez. On choisit une tenue confort-cool : un jean et surtout des baskets, car pour monter en haut de la Tour Eiffel, il faut gravir les escaliers (ça évite les files d'attente aux ascenseurs).

LE DILEMNE MODE...

« No look mais brillant »

« Très très simple »

« Chic sans effort »

« Pour les soldes, je m'habille
comme un garagiste »

« Singing in the rain »

« Je suis venue à pied,
il fait moins 10 degrés »

« Fan de musées »

OCCASIONS TRÈS SPÉCIALES

Il y a des moments où on ne sait vraiment pas comment s'habiller. Où le simple fait de regarder notre armoire nous donne envie de nous recoucher. Surtout s'il pleut. Et bien même dans ces moments, il y a une solution.

NO LOOK
MAIS BRILLANT

Ingrédients

| Un trench-coat beige

| Une veste à paillettes

| Un jean bleu

| Une chemise bleue

| Des baskets à lacets

Quand ?

Quand on veut un look tout simple. Avec une touche de glam.

La bonne recette

Quoi de plus facile qu'un trench + denim + blouse bleue + baskets ? Avec cette tenue, vous traversez toutes les situations. Et si vous sortez le soir, n'oubliez pas la veste en paillettes. Portée avec des baskets, elle devient vraiment brillante.

TRÈS TRÈS SIMPLE

Ingrédients

| Un blazer bleu marine

| Un jean en denim brut

| Un sweat-shirt gris

| Des derbies noires

| Une besace

Quand ?

En cas de baisse d'inspiration, c'est le bon uniforme.

La bonne recette

Ok, c'est un look hyper simple. Mais on aime les looks qui ont l'air évidents. Ceux qui prouvent qu'on n'essaie pas à tout prix d'être «tendance». Même si on porte tout de même un blazer avec un sweat-shirt. On appelle cela le «casual cool», si on vous demande.

CHIC SANS EFFORT

Ingrédients

| Un caban

| Un pantalon en velours noir

| Une blouse à volants

| Des sandales à plateau

Quand ?

N'importe quand. Évidemment dans une situation où les talons hauts ne seront pas de trop.

La bonne recette

Pas besoin de pièces spectaculaires pour avoir l'air sophistiquée. Le velours et la soie, dans des formes hyper classiques donnent la bonne allure. Avec un caban connoté «vêtement de travail», c'est la touche qui permet d'étiqueter ce style «sans effort». Enfin, sauf si vous êtes dans un port et qu'on vous demande de tirer sur des cordages.

POUR LES SOLDES, JE M'HABILLE COMME UN GARAGISTE

Ingrédients

| Une combinaison-pantalon

| Un t-shirt

| Des baskets avec élastique

| Un cabas

Quand?

Pour le marathon des soldes qui a lieu deux fois par an. Et pour ne pas passer sa journée à se rhabiller dans une cabine d'essayage.

La bonne recette

Munissez-vous d'un maxi sac pour récolter tous vos achats et ne pas finir façon baudet avec des tonnes de shopping bags. Libérez-vous des contraintes qui vous feraient perdre du temps comme le soutien-gorge ou les chaussures à lacets. Si cela ne tenait qu'à vous, vous les feriez en culottes les soldes !

SINGING IN THE RAIN

Ingrédients

| Un trench-coat beige

| Un coupe-vent

| Un pantacourt noir

| Un pull col rond beige

| Des mocassins américains

Quand ?

Pour toute journée où la pluie est de la partie.

La bonne recette

Qui a dit que le coupe-vent était réservé aux enfants ? Même si on nous vend toujours qu'un trench-coat est un imperméable, on constate que c'est beaucoup moins isolant qu'un bon coupe-vent. On le met donc sous son trench pour éviter d'avoir froid. Si votre coupe-vent a une capuche, brûlez votre parapluie ! Même les vieilles dames ne le trouvent pas pratique.

JE SUIS VENUE À PIED, IL FAIT MOINS 10 DEGRÉS

Ingrédients

| Un blouson en cuir

| Une doudoune fine

| Un pantalon en velours

| Un pull à col roulé

| Des boots fourrées

| Une besace

Quand ?

Si le thermomètre affiche en-dessous de zéro et qu'aucun moyen de transport n'est disponible.

La bonne recette

On réserve la maxi doudoune pour les sports d'hiver. En ville, on en porte une toute fine qu'on met sous une veste chaude. Avoir chaud ne signifie pas ressembler à une couette ambulante.

FAN DE MUSÉES

Ingrédients

| Une veste en denim

| Une robe noire

| Des baskets à lacets

| Des bracelets en strass

| Une besace

Quand ?

Pour enchaîner les expos sans perdre son savoir en mode.

La bonne recette

Associer une robe noire – une grande dame dans l'histoire de la mode – avec une veste en jean, une demoiselle née au siècle dernier. Et ajouter la touche moderne : les baskets (ça tombe bien, on peut courir toutes les expos avec) et le sac de couleur pour la touche artistique. Si on vous demande de rester dans le musée pour faire top model, il ne faudra pas vous étonner.

20
ERREURS
DE
MODE

Vu que la mode est un terrain en constante mutation, il est difficile de faire la liste de tous les interdits, car tout peut changer du jour au lendemain et les fashion faux pas d'aujourd'hui seront peut-être les must-have de demain. Pourtant, il y a des choses que la Parisienne n'arrive pas à adopter. Inventaire de ce que vous devriez fuir sous peine d'avoir affaire à la fashion police.

Les leggings

À moins d'avoir 11 ans et de faire de la danse, les leggings ne vont vraiment à personne. Ils sont tolérés avec un très long pull en grosse maille, mais du coup, c'est une tenue «cocooning» et on vous conseille vivement de rester à la maison.

———

Le sac griffé «contrefaçon»

Se balader avec un sac qui imite une marque connue n'a rien de stylé. Sans s'étendre sur les conditions dans lesquelles il a été fabriqué et sur sa qualité médiocre, ce sac est beaucoup moins chargé en luxe qu'un cabas en coton qui a le mérite d'être sincère.

———

Le bermuda long à poches

Ok, vous n'en n'avez jamais porté... Mais on ne sait jamais, vous serez peut-être tentée de vous dire que cela vous changera du short en denim. Ne vous méprenez pas : aucun créateur digne de ce nom n'a encore casté cette pièce sur un podium. C'est un signe.

———

LES BASKETS COMPENSÉES

Elles peuvent enflammer le baromètre des tendances à certains moments, mais elles resteront de grosses chaussures qui font le pied lourd. Même sur des filles qui ont la jambe fine.

La jupe-culotte

On la conseille surtout à toute femme qui veut sortir tranquille ou qui veut se séparer de son mari sans provoquer de conflit.

La longue doudoune

En matière de doudoune, deux solutions : soit une fine qu'on glisse sous son manteau, soit une courte un peu volumineuse qu'on met aux sports d'hiver. La longue veste bourrée de plumes donne une silhouette beaucoup trop gonflée. À moins de postuler pour jouer la mascotte d'un fabricant de pneus.

————

La fourrure de la tête aux pieds

À moins de trouver Cruella très chic.

Les semelles en crêpe

Le détail à bannir si vous voulez éviter de prendre vingt ans d'âge en une paire de souliers.

———

Les sabots en plastique à trous

On sait qu'il s'en vend des milliers, mais on n'aimera jamais. Même si c'est pour un enfant de 3 ans et que c'est demandé comme chaussons d'intérieur à la garderie (c'est bien pratique quand on fait de la peinture). Il faut résister, le style, ça s'apprend dès les petites classes.

———

Le soutien-gorge à bretelles transparentes

Une phobie de la Parisienne qui ne comprend toujours pas pourquoi les filles qui en mettent pensent que les yeux des autres ne décèlent pas le plastique. Mieux vaut ne pas en porter si vraiment on veut passer pour une fille qui n'en n'a pas.

———

Le total-look signé

Ne pas savoir cuisiner une allure à sa sauce, mais tout copier du look-book d'un créateur, c'est tout ce que condamne la Parisienne. Même si on dit que Dieu est un créateur, ne sacrifiez pas votre style au profit d'un créateur qui n'est certainement pas Dieu.

———

LE T-SHIRT AVEC UN PETIT CHAT

Sauf si vous n'êtes pas encore entrée au collège. Sinon, passé cet âge, ça fait ridicule. Et on n'est pas persuadée que l'imprimé « chaton » fera craquer un mâle. Mieux vaut miser sur l'imprimé félin dans ce cas.

―――

L'accumulation de bijoux

Des boucles d'oreilles avec un collier, des bagues et des bracelets? Il y a forcément un – voire deux – trucs en trop. En matière de bijoux, on peut jouer l'accumulation mais sur une seule partie. Il est fini le temps où l'on cherchait à asseoir son pouvoir avec sa collection de bijoux. Surtout si ce sont des bijoux en toc. Pensez à enlever un accessoire en sortant de chez vous, vous serez toujours assez décorée.

―――

Les collants chair

Comme pour les bretelles de soutien-gorge transparentes, on se demande qui va bien croire que vous avez cette peau veloutée. Ils sont loin d'être invisibles et en plus, ils ne tiennent pas chaud. Restez sur les collants noirs.

―――

Le bustier en lycra

Ce n'est jamais une bonne idée. D'abord parce que le 100% lycra devrait être réservé uniquement aux activités sportives. Et parce que si le bustier est un peu trop petit, ça propulse directement dans la catégorie « vulgaire ». Pas chic.

―――

Montrer trop de peau

C'est vite arrivé : il suffit d'un t-shirt un peu court et d'une minijupe et hop, vous êtes étiquetée «télé-réalité».

———

Les pantalons trop taille basse

Ça donne une vue sur la culotte ou le string. Donc pas besoin de vous expliquer pourquoi ça ne va pas.

———

Le mix de rayures

On peut voir cela dans les magazines de mode, mais sorti du papier glacé, les rayures qui s'entrechoquent, ça ne nous fait pas une bonne ligne.

———

Le bob

Ce n'est vraiment pas le chapeau le plus top. Si vous voulez vous couvrir, pensez à la casquette de marin.

Le «mom» jean

Dis comme cela, ça fait cool. Le problème, c'est que ce jean «de maman» fait beaucoup trop relax. Relâché, on devrait dire. De temps en temps, des modeuses le remettent sur le devant de la scène, mais si on est déjà du genre à fuir les tendances, pas question de suivre celle-ci qui nous fait une silhouette informe.

TOURS DE MAIN À LA MODE

Avoir du style ne tient parfois pas à grand-chose : un petit décalage peut faire gagner beaucoup de points sur l'échelle de l'allure. Vingt décalages pour avoir l'air calée en mode.

....

#1
Un panier en osier
avec une robe de soirée

#2
Cumuler deux ceintures
sur un blazer

#3
Se fournir au rayon
hommes

#4
Faire des revers à ses
jeans et les porter avec
des chaussures à talons

#5
Décolleter son dos en
mettant son pull en V
à l'envers

#6
Un ruban à la place
d'une ceinture

#7
Des chaussettes rose
fuchsia avec des derbies

#8

Un smoking avec
des baskets

#9

Un perfecto sur une
robe en mousseline

#10

Découper les encolures
de ses t-shirts

#11

Une écharpe en
paillettes avec un jean

#12

Un collier de strass sur
un gros pull en laine

#13

Une jupe crayon avec
un coupe-vent

#14

Nouer un foulard autour
du cou comme un collier
de chien

#15

Une veste militaire kaki
sur une petite robe noire

#16

Des chaussures
imprimées léopard
avec un sac doré

#17

Une veste en jean avec
un pantalon en velours

#18

Un collier de perles
en ceinture

#19

Un t-shirt rock avec
une jupe crayon

#20

Une tunique indienne
avec un pantalon
de smoking

SAVOIR-VIVRE STYLE

En matière de mode, il faut respecter une certaine politesse. Si on vous interpelle sur votre look, voici des réponses 100% parisiennes.

....

« Ton pull est très joli. »

Réponse : « Merci, mais il est vieux ! »
Traduction : « Je l'ai acheté il y a deux semaines. »

....

« Tes escarpins ne te font pas mal ? »

Réponse : « Non, je suis comme dans des chaussons. »

Traduction : « Cela fait trois semaines que je les porte à la maison avec de grosses chaussettes en laine. »

« Tu n'as pas froid comme ça ? »

Réponse : « Pas du tout, ça tient chaud un caraco. »

Traduction : « Je ne vais pas attendre le mois de juillet pour me faire un look sexy. »

« Ton pantalon a une coupe parfaite ».

Réponse : « Je l'ai acheté trois fois rien dans un magasin "petits prix". »

Traduction : « J'ai fait un emprunt pour acheter ce pantalon de grand prix. »

« Wow, ton collier en diamants est magnifique ! »

Réponse : « Ce sont de faux diamants, ils font la blague. »

Traduction : « Ces diamants de 10 carats appartenaient à ma grand-mère, mais si elle avait su que je les porterai sur une chemise denim, elles ne me les auraient jamais donnés. »

MON STYLE S.O.S.

Notez vos looks préférés pour les copier en cas d'urgence.

SHOPPING LIST

Il vous manque des essentiels ? Notez-les sur cette page. Noël n'est peut-être pas si loin… ou si le Père Noël vient de passer, allez vite les shopper. C'est es-sen-tiel, ça ne peut pas attendre !

INDEX PAR SITUATION

INDEX
PAR PIÈCES

REMERCIEMENTS

À **Benoît Peverelli** qui nous a servi de pilote d'essai pour le look «Soirée de filles» et qui est un top photographe et un papa modèle.

À **Rodolphe Bricard** qui nous a servi de pilote d'essai pour le look «Rendez-vous avec mon amoureux» et qui est recordman du nombre de photos en un en minimum de temps.

À **Johanna Scher** qui n'a pas besoin de nous pour s'habiller le matin et qui mérite l'oscar de la meilleure prod.

À **Jean-Louis Bergamini**, la force tranquille de la prod.

À **Armelle Saint-Mleux**, le cerveau, qui sait même comment «reposter» des photos sur Instagram.

À **Olga** qui joue tous les rôles avec brio.

À **Laura de Lucia** qui est restée irréprochable même en assistant Benoît...

À **Alexandra Kan** qui a le secret pour nous faire grossir de deux kilos en une seule séance photo (méthode «Foie gras et Nutella»).

À **Jeanne Le Bault**, un génie du stylisme (de grands créateurs le disent aussi).

À **Marie-Aline Boussagnol**, la queen du Snapchat stylé qui sait faire corps avec un défroisseur vapeur.

À **Marielle Loubet**, une ange du make-up et du brushing, qui sait parfaitement comment se mettre en valeur pour un rendez-vous Tinder.

À **Elisabeth Serve**, une styliste pour qui «piquer» est tout un art.

À **Sabine**, une piqueuse qui fait d'un bikini une œuvre d'art qu'on exposerait bien dans un musée.

À **Marla**, une très belle bordelaise qui garde son sourire mythique même quand on lui dit qu'on va lui couper la tête.

À **Fanny** qui deviendra un supermodel sans nous. Ou peut-être avec nous pour un prochain livre...

À **Dinky** qui a contribué à la bonne ambiance sur le plateau et s'est comporté comme un chien (de top) modèle.